ERSTER ATLAS FÜR KINDER

Text von Neil Morris

Illustrationen von Boni/Galante Illustratori Associati

Tessloff Verlag

Inhalt

So wird der Atlas benutzt   5

Die Erde   6

Nordeuropa   8

Frankreich und die **Beneluxstaaten**   10

Mitteleuropa   12

Spanien, Portugal und **Italien**   14

Südosteuropa   16

Kanada   18

Vereinigte Staaten von Amerika   20

Mexiko, Mittelamerika und die **Karibik**   22

Südamerika: Der Norden   24

Südamerika: Brasilien   26

Südamerika: Der Süden   27

Afrika: Der Norden   28

Afrika: Der Süden   30

Frühere Sowjetunion   32

Mittlerer Osten   34

Südostasien   36

Der Süden Asiens   38

China und die **Mongolei**   40

Japan und **Korea**   42

Australien und die **Antarktis**   44

Register   46

So wird der Atlas benutzt

Dieser Atlas ist ein Buch mit vielen verschiedenen Landkarten und mit Informationen über die Länder der ganzen Erde. Jede Doppelseite zeigt eine Karte von einem bestimmten Teil der Erde, begleitet von einem Einführungstext und Wissenswertes über die einzelnen Länder.

Die Karten zeigen die wichtigsten Merkmale der Erdoberfläche, wie Berge, Flüsse und Seen. Bei den meisten Ländern sind die Hauptstädte ebenso eingezeichnet wie viele andere wichtige Städte.

Symbole zeigen, wo zum Beispiel Obst und Gemüse angebaut werden oder wo Wirtschaftszweige wie Bergbau und Fischerei angesiedelt sind. Außerdem zeigen sie, wo typische Pflanzen und Tiere leben, wo berühmte Bauwerke stehen und welche Menschen in bestimmten Regionen leben.

Auf der kleinen Erdkugel zu jeder Karte ist rot eingezeichnet, wo die Länder liegen.

Gebirgige Gebiete sind leicht zu erkennen: Die höchsten Berge sind spitzer gezeichnet und außerdem in Weiß gehalten.

Meere und Ozeane sind in Blau eingezeichnet. Kleinere blaue Flächen auf dem Land stellen Seen dar. Flüsse sind als blaue Linien dargestellt.

Manche Seen sind nicht das ganze Jahr über vorhanden, weil sie zu bestimmten Jahreszeiten austrocknen. Sie sind mit gestrichelten Linien eingezeichnet.

Geographische Besonderheiten oder Naturwunder werden manchmal mit Bildsymbolen hervorgehoben.

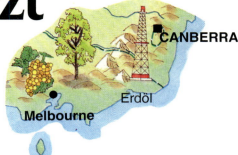

Die Hauptstädte sind immer in Großbuchstaben eingetragen und manchmal durch ein Quadrat gekennzeichnet. Andere Städte sind durch einen Punkt kenntlich gemacht.

Manche Städte haben bedeutende Bauwerke, und in diesen Fällen markieren Bilder dieser Bauwerke die Lage der Stadt anstelle eines Punktes oder eines Quadrats.

Als Symbole für die verschiedenen Arten von Wäldern wurden einzelne Bäume eingezeichnet.

Laubbäume wachsen in wärmeren Gegenden.

Fichten und Tannen wachsen in kalten Gebieten.

Regenwaldbäume stehen für heiße, feuchte Tropenregionen.

Mit dem Maßstab kann man feststellen, wie groß ein Land ist und wie weit die einzelnen Orte voneinander entfernt sind. Jede Karte hat ihren eigenen Maßstab.

Die Staatsgrenzen sind in Rot eingezeichnet. Die Grenzen von Bundesstaaten und Provinzen sind in Grün dargestellt.

Andere Bildsymbole auf den Karten zeigen zum Beispiel landwirtschaftliche Erzeugnisse, Industrien, Bodenschätze, Tiere, Menschen, Pflanzen oder Berge.

0   600   1200 km

Die Erde

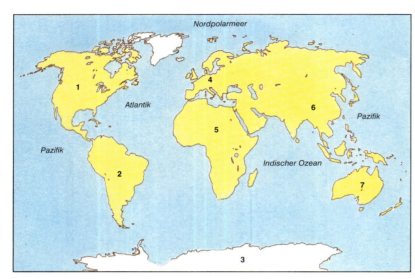

Wenn man die Oberfläche der Erdkugel ausbreiten könnte, erhielte man eine flache Weltkarte, auf der der Pazifische Ozean geteilt ist.

Vom Weltraum aus betrachtet, sieht die Erde blau aus, weil ein großer Teil ihrer Oberfläche von Wasser bedeckt ist. Die drei größten Meere sind der Pazifische Ozean, der Atlantische Ozean mit dem Nordpolarmeer und der Indische Ozean.

Diese Ozeane sind durch große Landmassen, die sieben Kontinente, voneinander getrennt. Die Kontinente Asien, Afrika und Europa machen zusammen mehr als die Hälfte der gesamten Landmasse der Erde aus. Nord- und Südamerika bilden einen langen Landstreifen zwischen dem Atlantischen und dem Pazifischen Ozean. Die Antarktis liegt rund um den Südpol, und Australien ist der kleinste Kontinent.

Die Wetterbedingungen — das Klima — sind auf der Erde sehr unterschiedlich. Das Klima eines Gebietes hängt ab von seiner Lage, der Höhe über dem Meeresspiegel, der Nähe zu Bergen oder Meeren und den vorherrschenden Winden.

In der Arktis am Nordpol und in der Antarktis am Südpol ist es bitterkalt. An die Arktis schließen sich

1 Nordamerika erstreckt sich vom vereisten Nordpolarmeer bis an die tropischen Küsten des Karibischen Meeres. Die größten Länder dieses Kontinents sind Kanada und die USA.

2 Südamerika besteht aus 13 Ländern. In Brasilien, dem größten dieser Länder, gibt es beiderseits des mächtigen Amazonas riesige Regenwälder.

3 Die Antarktis, ein Kontinent, der größer ist als Europa, ist von Eis bedeckt. Am Südpol ist die Eisdecke ungefähr 2000 Meter dick. Die tiefste Temperatur, die in der Antarktis gemessen wurde, betrug −88,3 Grad Celsius.

7 Australien ist, von der Antarktis abgesehen, der Kontinent mit der niedrigsten Einwohnerzahl. Im Südosten liegt die Inselgruppe Neuseeland. Im Osten sind im Pazifik mehr als 20 000 kleinere Inseln verstreut. Man faßt sie auch unter der Bezeichnung „Ozeanien" zusammen.

ständig gefrorene, baumlose Ebenen an. Südlich davon folgen Fichten- und Tannenwälder. In Gegenden mit mildem Klima gedeihen Laubbäume, und in der Nähe des Äquators wachsen tropische Regenwälder.

Ein mildes warmes Klima bringt Grasflächen hervor wie etwa die Prärien in Nordamerika. Ein Drittel der Landmasse der Erde besteht aus Wüsten.

Alle Kontinente mit Ausnahme der Antarktis sind in Länder unterteilt. Die Bewohner dieser Erde sind jedoch nicht gleichmäßig über den Planeten verteilt. Mehr als die Hälfte der Weltbevölkerung lebt in Asien, doch die Antarktis ist völlig unbewohnt.

Viele Ansiedlungen entstanden in Gegenden, in denen es Flüsse, fruchtbares Ackerland, Bodenschätze und Mineralien gab. Da die Weltbevölkerung ständig wächst, ziehen immer mehr Menschen aus ländlichen Gebieten in die großen Städte.

Indischer Ozean **AUSTRALIEN** *Pazifik*

ASIEN *Pazifik*

AFRIKA *Atlantik* *Indischer Ozean*

6 Asien ist der größte Kontinent. Hier leben die meisten Menschen. Rußland ist das größte Land der Erde, und in China gibt es mehr Menschen als in jedem anderen Land. Der Himalaja in Zentralasien ist die höchste Bergkette der Erde und wird deshalb auch „das Dach der Welt" genannt.

5 Afrika, der zweitgrößte Kontinent, liegt zwischen dem Atlantischen und dem Indischen Ozean. Einen großen Teil von Nordafrika nimmt die Sahara ein, die größte Wüste der Erde.

Nordpol *Nordpolarmeer* *Atlantik* **EUROPA**

4 Europa besteht aus vielen kleinen Ländern und dem westlichen Teil von Rußland. Dieser Kontinent erstreckt sich vom kalten Norden Skandinaviens bis ans warme Mittelmeer im Süden.

7

Nordeuropa

Zu den Britischen Inseln zählen die großen Inseln Großbritannien (England, Schottland, Wales) und Irland sowie zahlreiche kleinere Inseln. Das „Vereinigte Königreich" besteht aus Großbritannien und Nordirland. Der Süden Irlands, die Republik Irland, ist ein selbständiger Staat. Im Süden von England werden Gerste, Weizen und Gemüse angebaut. Auf allen Britischen Inseln werden Rinder und Schafe gehalten. Vor der Küste Schottlands wurden in der Nordsee Gas- und Ölvorkommen entdeckt.

Skandinavien setzt sich aus den Ländern Norwegen, Schweden, Dänemark, Finnland und Island zusammen. Riesige Wälder liefern das Holz für die Herstellung von Papier und Möbeln. Außerdem haben die skandinavischen Länder große Fischereiflotten. Island liegt dicht unterhalb des Polarkreises; dort gibt es viele Gletscher und Vulkane.

Grönland, das zu Dänemark gehört, ist eine sehr große Insel. Sie liegt zum größten Teil nördlich des Polarkreises. Nur wenige Menschen leben hier.

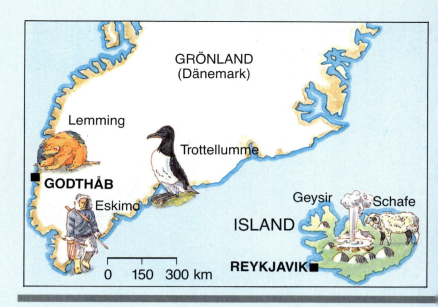

Mehr über...

Geysire lassen heißes Wasser aus der gefrorenen Erde Islands aufschießen.

Big Ben ist der Name der 14 Tonnen schweren Glocke im Uhrturm des Parlaments in London.

Tweed ist ein Wollstoff aus Schottland, der zu Kleidungsstücken verarbeitet wird.

Der **Hadrianswall** wurde von den alten Römern als Grenzbefestigung errichtet.

Frankreich und die Beneluxstaaten

Frankreich ist das größte Land Westeuropas. Das Ackerland ist fruchtbar und das milde Klima günstig für den Anbau von Weizen, Mais und Gerste. Auch Trauben wachsen hier, und der französische Wein ist weltberühmt. Außerdem ist Frankreich bekannt für seine gute Küche, sowohl in den Restaurants als auch in den Familien.

In Frankreich gibt es viele schöne Städte. Die Hauptstadt Paris zum Beispiel ist ein wichtiges Zentrum der Kunst und der Wissenschaft. Das größte Industriegebiet liegt nördlich von Paris. Die Alpen im Süden Frankreichs sind ein beliebtes Skigebiet, und an der an der Mittelmeerküste gelegenen Riviera gibt es zahlreiche Badeorte.

Zu den Beneluxstaaten gehören Belgien, die Niederlande (Holland) und Luxemburg. Ein Großteil der Niederlande liegt unterhalb des Meeresspiegels; deshalb mußten hier Deiche gebaut werden, die das Land vor Überflutung schützen.

Der kleine Staat Monaco besteht aus zwei Städten, Monaco und Monte Carlo.

Mehr über...

 Trüffel sind pilzähnliche Pflanzen, die unter der Erde wachsen und besonders gut schmecken. Für die Trüffelsuche werden Schweine und Hunde verwendet.

 Die **Tour de France** ist das bekannteste Fahrradrennen der Welt mit Fahrern aus vielen Ländern. Die Strecke ist 3500 Kilometer lang, das Ziel liegt in Paris.

 Baskische Schafhirten leben am Fuße der Pyrenäen. Sie sprechen ihre eigene Sprache. Einige Basken wünschen sich einen eigenen Staat.

 In den Niederlanden dienen die **Windmühlen** heute nicht mehr dazu, das Flutwasser abzupumpen, denn inzwischen schützen Deiche das Land vor dem steigenden Wasser.

Der Hochgeschwindigkeitszug **TGV** verbindet Paris mit mehreren französischen Großstädten. Er ist der schnellste Passagierzug der Welt.

 Die **Höhlenmalereien** von Lascaux sind vermutlich 17000 Jahre alt. Sie stellen Pferde, Hirsche und andere Tiere dar, die von vielen Besuchern bewundert werden.

Schon gewußt?

Frankreich, Belgien, die Niederlande und Luxemburg sind Mitglieder der Europäischen Gemeinschaft, deren Sitz in Brüssel liegt, der Hauptstadt von Belgien. Die Gemeinschaft schließt die Mitgliedsländer enger zusammen und fördert den Handel zwischen ihnen. Weitere Mitgliedsländer sind Dänemark, Deutschland, Griechenland, Irland, Italien, Portugal, Spanien und Großbritannien.

Die holländische Stadt Amsterdam wurde auf etwa 100 Inseln erbaut, die durch Kanäle, die sogenannten Grachten, miteinander verbunden sind. Jedes Jahr fallen mindestens 50 Autos in die Grachten, und bei der Polizei gibt es eine spezielle Abteilung, die für das Bergen gesunkener Autos und Fahrräder zuständig ist.

Die schöne Insel Korsika gehört zu Frankreich. Sie ist mehr als dreimal so groß wie Luxemburg.

Wenn alle Deiche Hollands gleichzeitig brechen würden, stünde fast das halbe Land unter Wasser. Der höchste Punkt der Niederlande liegt nur 490 Meter über dem Meeresspiegel.

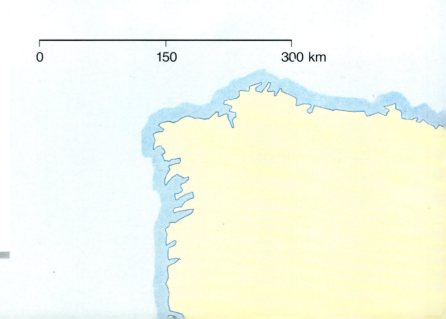

Mitteleuropa

Das größte Land Mitteleuropas ist Deutschland, eine der führenden Industrienationen. Das Ruhrgebiet ist ein Zentrum der Schwerindustrie und der Rhein ein wichtiger Transportweg. An seinen Ufern liegen viele bekannte Städte wie Köln und Bonn. Das Rheintal ist berühmt für seine Burgen und Weinberge. Das flache Land im Norden ist fruchtbares Ackerland. Süddeutschland ist bergiger und stärker bewaldet. Österreich und die Schweiz werden von den Alpen durchzogen. In beiden Ländern ist der Fremdenverkehr eine bedeutende Einkommensquelle.

Im Osten liegen die Tschechei, die Slowakei und Polen. Polen ist überwiegend flaches Land, während die beiden anderen Länder hügelig oder gebirgig sind. Diese Länder haben wertvolle Bodenschätze und große Industriegebiete. Aber auch die Landwirtschaft ist ein bedeutender Erwerbszweig.

Mehr über...

Das bayerische Schloß Neuschwanstein wurde vor mehr als 100 Jahren für König Ludwig II. errichtet.

Böhmen liegt in der Tschechischen Republik und wird von vielen Touristen besucht. Besonders berühmt sind **böhmische Glaswaren.**

Bisons gab es einst in ganz Europa. Heute leben nur noch wenige Tiere, die meisten von ihnen in einem Schutzgebiet in Polen.

Die Schweiz ist berühmt für ihre Uhrmacherkunst. **Schweizer Uhren** sind auf der ganzen Welt sehr begehrt.

Gemsen sind mit den Ziegen verwandt und werden auch ungefähr so groß. Sie leben im Hochgebirge und fressen Blätter, Blüten und Fichtenschößlinge.

Lippizaner heißen die Pferde, die in der Spanischen Hofreitschule in Wien geritten werden. Sie werden regelmäßig in Vorführungen gezeigt.

Spanien, Portugal und Italien

Spanien wird von mehreren Bergketten durchzogen. Die höchsten sind die Pyrenäen, die zwischen Spanien und Frankreich liegen, und die Sierra Nevada im Süden. Viele Spanier leben und arbeiten in Städten, aber es gibt auch noch viele spanische Bauern, die Oliven, Zitrusfrüchte und Trauben anbauen. Portugal, das westlich von Spanien liegt, ist ein wesentlich kleineres Land. Viele Portugiesen sind Fischer oder Bauern.

Italien ist ein langes, schmales Land, durch dessen Mitte sich die Apenninen ziehen. Im Norden finden sich Fabriken, in denen Autos und Textilien hergestellt werden. Im Süden werden Früchte wie zum Beispiel Oliven und Orangen angebaut.

Das Klima in Spanien, Portugal und Italien ist mild. Die Strände dieser Länder sind beliebte Urlaubsziele.

Mehr über…

Mit dem Bau der **Kirche der Sagrada Familia** (der heiligen Familie) wurde 1882 begonnen; sie wurde jedoch nie fertiggestellt.

Der **Flamenco** ist ein spanischer Zigeunertanz zu Gitarrenmusik.

Südosteuropa

Zu Südosteuropa gehören Ungarn, Serbien, Slowenien, Kroatien, Rumänien, Bulgarien und Griechenland. Budapest, die Hauptstadt von Ungarn, liegt an der Donau, die nach Süden weiterfließt durch Serbien, eine der sechs Republiken, die bis vor kurzem das Land Jugoslawien bildeten. Streitigkeiten zwischen den beiden größten Republiken, Serbien und Kroatien, führten 1991 zum Ausbruch eines Bürgerkrieges.

Die Donau bildet die Grenze zwischen Rumänien und Bulgarien und fließt weiter ins Schwarze Meer. In beiden Ländern gibt es hohe Gebirge: in Rumänien die Karpaten und das Siebenbürgische Hochland und in Bulgarien den Balkan.

Albanien ist ein kleines, armes Land am Adriatischen Meer. Südlich davon liegen das griechische Festland und die vielen griechischen Inseln. Der Tourismus ist ein wichtiger Wirtschaftszweig in Griechenland. Die Besucher kommen, um die antiken Ruinen zu bewundern und um auf den griechischen Inseln Urlaub zu machen.

Schon gewußt?

Die ersten Olympischen Spiele der Antike fanden 776 v. Chr. in der griechischen Stadt Olympia statt. Die ersten Spiele der Neuzeit wurden 1896 in Athen veranstaltet.

Der berüchtigte Vampir Graf Dracula soll aus Transsilvanien stammen, dem heutigen Siebenbürgen in Rumänien.

Skopje, die Hauptstadt der Republik Makedonien, hat eine wechselvolle Geschichte. 1689 wurde sie niedergebrannt, um die weitere Ausbreitung der Cholera zu verhindern, und 1963 wurde sie durch ein Erdbeben fast völlig zerstört.

In der Stadt Athen leben mehr als 3 Millionen Menschen — fast genauso viele wie im ganzen Land Albanien.

Mehr über…

Der **Parthenon** in Athen ist mehr als 2400 Jahre alt. Er wurde zu Ehren der Göttin Athene erbaut.

Das **Goldene Rind** ist ein Teil eines in Bulgarien gefundenen Goldschatzes. Er könnte über 6000 Jahre alt sein.

Pelikane leben am Schwarzen Meer. Diese großen Vögel benutzen die Hautfalte an ihrem Schnabel, um Fische aus dem Wasser zu schöpfen.

Die **Burg Bran** wurde 1377 zum Schutz eines Passes über das Siebenbürgische Hochland erbaut.

Das **Tal der Rosen** ist ein berühmtes Rosenanbaugebiet in Bulgarien. Hier wird Rosenöl hergestellt, das in Parfüms verwendet wird.

 Oliven sind die Früchte des Ölbaumes. Die unreifen Früchte sind grün, die reifen schwarz.

 Csikos nennt man die ungarischen Viehhirten, die einst auf den weiten Ebenen arbeiteten. Heute verdienen die meisten von ihnen mit Vorführungen vor Touristen ihr Geld.

 Die Römer erbauten im Hafen von Pula in Kroatien ein riesiges **Amphitheater**, das Tausenden von Zuschauern Platz bot.

Mehr über...

Die **Eskimo** leben am Polarkreis. Manche von ihnen sind noch immer Jäger, doch die meisten arbeiten als Fischer oder Bergleute.

Der **CN Tower** in Toronto ist 355 Meter hoch. Er wurde aus Beton und Stahl gebaut und ist das höchste freistehende Gebäude der Welt.

Waldarbeiter fällen die Bäume in den kanadischen Wäldern mit Motorsägen so, daß sie in die vorgesehene Richtung fallen.

Die „Mounties", die **berittene Polizei** in Kanada, war bis 1929 auf Pferde angewiesen. Heute werden auch Flugzeuge und Schneemobile eingesetzt.

Schon gewußt?

In Kanada gibt es zwei Landessprachen: Englisch und Französisch. Für ein Viertel der Bevölkerung ist Französisch die Muttersprache.

Im Norden Kanadas sieht man oft Leuchterscheinungen, die den ganzen Himmel erhellen. Sie werden als Nordlicht bezeichnet.

Die größte Zahl von kompletten Dinosaurierskeletten ist in einem Museum in der Nähe der Stadt Calgary zu finden.

Mexiko, Mittelamerika und die Karibik

Mexiko ist ein Land der Gegensätze. Im Norden liegen trockene Wüsten, während im Süden üppige Regenwälder zu finden sind. Die sieben Staaten Mittelamerikas bilden eine Landbrücke zwischen Mexiko und Südamerika. Die Bewohner dieser Länder stammen von den indianischen Ureinwohnern und von den Europäern ab, die vor mehr als 400 Jahren eingewandert sind.

Die Westindischen Inseln erstrecken sich in einem langen Bogen durch das Karibische Meer. Einst waren diese Inseln Kolonien von anderen Ländern, doch heute sind die meisten von ihnen unabhängig. Viele der Menschen, die in der Karibik leben, stammen von afrikanischen Sklaven ab, die ins Land gebracht wurden, um auf den Zuckerrohrplantagen zu arbeiten.

Schon gewußt?

Die Bahamas sind 3000 Koralleninseln, von denen nur 20 bewohnt sind.

Die Bevölkerung von Mexiko City wächst schneller als die jeder anderen Stadt der Welt. Heute leben dort mehr als 18 Millionen Menschen. Bis zum Jahr 2000 werden es mehr als 30 Millionen sein.

Die seltene Suppenschildkröte legt ihre Eier an den Stränden von Costa Rica ab.

Die alten Maya lebten in Mexiko und Guatemala. Sie bauten prächtige Tempel, von denen noch viele Ruinen wie Chichén Itzá stehen.

Der Panamakanal führt quer durch Panama. Er wurde gebaut, um den Atlantischen und den Pazifischen Ozean miteinander zu verbinden, damit die Schiffe nicht mehr gezwungen waren, um die Südspitze Südamerikas herumzufahren. Es dauerte zehn Jahre, bis der 81,6 Kilometer lange Kanal fertig war.

Südamerika: Der Norden

Zum vielfältigen Landschaftsbild dieser Region gehören sowohl die Gebirgskette der Anden und Wüsten im Westen als auch der dichte Regenwald im Norden und Osten. In den Anden, die entlang der Westküste Südamerikas verlaufen, gibt es wertvolle Bodenschätze wie Silber, Zink und Eisen. Der fruchtbare vulkanische Boden in den Bergen ist gut geeignet für den Anbau von Kaffee. Der Amazonas entspringt hoch oben in den Bergen von Peru und strömt durch ganz Brasilien. Er wird gespeist von Hunderten von kleinen Nebenflüssen, die aus Peru, Bolivien, Ecuador, Kolumbien und Venezuela kommen.

Von Venezuela aus erstrecken sich Gebirge bis nach Guyana, Surinam und Französisch-Guayana. Dort gibt es Regenwälder und dazwischen kleinere Flächen mit Grasland. Venezuela ist das reichste Land dieser Region und eines der wichtigsten Ölförderländer der Welt.

Die ersten Menschen, die in Südamerika lebten, waren Indianer. Die heutigen Bewohner dieses Kontinents stammen von diesen Indianern ab sowie von den Europäern, die sich in den letzten 450 Jahren dort niederließen.

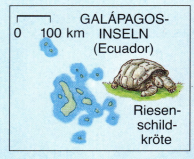

GALÁPAGOS-INSELN (Ecuador)
0 100 km
Riesenschildkröte

Mehr über...

 Auf den Galapagosinseln im Pazifischen Ozean gibt es **Riesenschildkröten**. Sie werden bis zu 1,50 Meter lang und können bis zu 175 Kilogramm wiegen. Heute sind sie vom Aussterben bedroht.

 Die **Cuiva-Indianer** leben in kleinen Gruppen auf den kolumbianischen Ebenen. Alle vier Wochen brechen sie ihre Zelte ab und ziehen weiter. Sie jagen Wildschweine, fischen und sammeln Früchte.

Körperseiten und Rücken des **Gürteltiers** sind mit harten Panzerplatten bedeckt. Wenn sich ein Gürteltier bedroht fühlt, rollt es sich zu einem harten Ball zusammen.

 Panamahüte werden auf der ganzen Welt getragen. Sie werden aus den Blättern der Panamapalme hergestellt, die in Ecuador wächst.

 Die Überreste der alten Inkastadt **Machu Picchu** wurden 1911 entdeckt. Heute ist dieser Ort eine der berühmtesten Sehenswürdigkeiten von Peru.

Der **Salto Ángel** in Venezuela ist der höchste Wasserfall der Erde. Das Wasser stürzt 802 Meter tief in die Tiefe.

 Der **Kondor** ist ein riesiger Geier, der hoch über den Anden durch die Lüfte streicht. Jeder seiner Flügel ist so lang wie ein Kleinwagen.

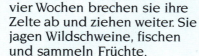 Die **Aymara-Indianer** leben hoch oben in den Anden. Sie fischen im Titicacasee, den sie mit Schilfbooten befahren. Das Schilf für die Boote wächst am Ufer des Sees.

 Cayennepfeffer ist leuchtend rot und sehr scharf. Er stammt von einer Pflanze, die in der Gegend von Cayenne, der Hauptstadt von Französisch-Guayana, wächst.

Schon gewußt?

Der Cotopaxi, der in den Anden von Ecuador liegt, ist mit 5897 Metern der höchste aktive Vulkan der Erde.

In Kolumbien werden mehr als 150 Indianersprachen gesprochen.

Spanische Eroberer versuchten, im Bergland von Guyana das sagenumwobene El Dorado zu finden, das eine Stadt voller Gold und anderer Schätze sein sollte.

Klammeraffen haben sehr lange Beine, einen langen Schwanz und einen kleinen Kopf. Sie leben in den Wäldern Südamerikas.

Der Titicacasee liegt inmitten der Anden. Er ist der größte See Südamerikas und der hochgelegenste der Erde. Er wird von 25 Flüssen gespeist.

Südamerika: Brasilien

Brasilien ist das größte Land Südamerikas. Es umfaßt den größten tropischen Regenwald der Erde. Durch das feuchtheiße Tiefland strömt der mächtige Amazonas. Noch heute leben hier einige ursprüngliche Indianerstämme.

Die wichtigen Großstädte Brasiliens liegen im Süden des Landes. Besonders viele Menschen leben in São Paulo. Rio de Janeiro ist berühmt für seine Strände und seinen Karneval. Die Hauptstadt heißt Brasilia. Diese moderne Stadt liegt ungefähr in der Mitte des Landes.

Schon gewußt?

Im Amazonasgebiet regnet es so viel, daß die Brasilianer zwischen einer „Vielregenzeit" und einer „Wenigregenzeit" unterscheiden.

Im Amazonas, dem zweitlängsten Fluß der Erde, leben mehr als 1000 Fischarten.

Mehr über...

Der **Karneval von Rio** wird jedes Jahr gefeiert. Dabei ziehen die Menschen tanzend, singend und musizierend durch die Straßen.

Ein großer Teil des **Regenwaldes** wird zerstört. Dadurch sind Tausende von Tier- und Pflanzenarten vom Aussterben bedroht.

Die **Yanomami-Indianer** leben in strohgedeckten Hütten. Sie sind Bauern, die auch auf die Jagd gehen. Ihr Lebensraum ist durch die Vernichtung des Regenwaldes bedroht.

Südamerika: Der Süden

Die Gebirgskette der Anden verläuft durch Chile und Argentinien und erstreckt sich bis in die Südspitze des südamerikanischen Kontinents. Die Landschaft von Chile, einem langen, schmalen Land an der Pazifikküste, wird von den Anden beherrscht. Weiter im Osten, in Paraguay, Uruguay und Argentinien, gibt es riesige Grasflächen, auf denen Rinder und Schafe weiden. Auf den Pampas von Argentinien — flachen, baumlosen Ebenen — werden Weizen und Mais angebaut. Im Süden befinden sich reiche Erdöl- und Erdgasvorkommen. Dort ist es oft sehr kalt, und es gibt Seen, Wasserfälle und schneebedeckte Vulkane. Mit Feuerland kommt Südamerika dem Südpolargebiet näher als alle anderen Kontinente.

Wie im übrigen Südamerika stammen die Bewohner dieser Länder fast alle von Indianern und spanischen Siedlern ab. Die meisten von ihnen leben in den Großstädten. In den Hauptstädten von Argentinien, Chile und Uruguay leben jeweils mehr als ein Drittel der Gesamtbevölkerung dieser Länder.

Schon gewußt?

Feuerland und die umliegenden Inseln sind zwischen zwei Ländern aufgeteilt. Der westliche Teil gehört zu Chile, der östliche zu Argentinien.

In den Anden leben viele interessante Tiere, darunter Lamas, Guanakos, Alpakas und Vicunjas, die alle zur Familie der Kamele gehören.

An den Südküsten von Chile und Argentinien leben Pinguine, ebenso auf den Falklandinseln.

Chilefichten, auch Schuppentannen oder Andentannen genannt, wachsen in Chile und Argentinien.

Eine große Pinguinkolonie ist eine Attraktion auf der Halbinsel Valdés am Atlantik. Pinguine trifft man aber auch auf Feuerland und den Falklandinseln an.

Mehr über...

Der **Feigenkaktus** wächst in den Wüsten von Nord- und Südamerika. Seine feigengroßen, stacheligen Früchte sind eßbar.

Gauchos nennt man die Cowboys in Argentinien. Sie ziehen auf den weiten Grasebenen, den Pampas, Vieh auf und treiben es in die großen Städte.

Fußball ist der Nationalsport der meisten südamerikanischen Länder. Argentinien und Uruguay waren schon zweimal Weltmeister.

Die **Anden** sind mit einer Länge von etwa 8000 Kilometern die längste Bergkette der Erde.

Afrika: Der Norden

Die riesige Sahara erstreckt sich über den Norden Afrikas. Sie ist die größte Wüste der Welt und bedeckt zwölf Länder vollständig oder teilweise. Ägypten liegt an der Ostküste Afrikas. Nahezu alle Ägypter leben in einer 16 Kilometer breiten Oase entlang des Nils zwischen Assuan und Kairo und im Nildelta nördlich von Kairo. Der Nil fließt von Zentralafrika ins Mittelmeer. Bei Khartum, der Hauptstadt des Sudan, vereinigt sich der Blaue Nil, der im Hochland von Äthiopien entspringt, mit dem Weißen Nil. Im Sudan und in Äthiopien haben Dürren und Mißernten zu weit verbreiteten Hungersnöten geführt.

Manche der westafrikanischen Staaten sind reich an Bodenschätzen. In Nigeria wurde in den 1950er Jahren mit der Erdölförderung begonnen, und das Geld wurde für den Bau von Straßen, Schulen und Krankenhäusern verwendet. Die Küste von Kamerun, das an Nigeria angrenzt, ist ein Sumpfgebiet. Der südliche Teil von Kamerun ist von Regenwald bedeckt.

Schon gewußt?

Die Sahara ist mehr als dreimal so groß wie der Sudan, das größte afrikanische Land.

Der Nil ist der längste Fluß der Erde.

Afrika:  Der Süden

Quer über die Mitte Afrikas sind tropische Regenwälder zu finden. Der Fluß Zaire, der früher Kongo hieß, fließt auf seinem Weg zum Atlantischen Ozean durch das Land Zaire. Kenia und Tansania im Osten sind berühmt für ihre Wildtiere. Auf den Savannen, flachen Grassteppen, leben Antilopen, Zebras, Giraffen, Elefanten und Nashörner. Die einst reiche Tierwelt ist durch rücksichtslose Jagd gefährdet. In Nationalparks versucht man die Tiere vor der Ausrottung zu bewahren. Der Kilimandscharo in Tansania, auf dessen Gipfel immer Schnee liegt, ist Afrikas höchster Berg. Zwischen Tansania und Kenia liegt der Victoriasee, der größte See Afrikas. Weiter südlich liegen zwei Wüsten: die Kalahari und die kleinere Namib.

Die meisten Länder im Süden Afrikas besitzen wertvolle Bodenschätze. In Simbabwe gibt es große Kupfer-, Eisen- und Goldvorkommen. In Südafrika wird neben Kohle auch der wertvollste Edelstein abgebaut — der Diamant. Drei Viertel der Bevölkerung Südafrikas sind Schwarze. Obwohl die Weißen in der Minderheit sind, regieren sie das Land. Viele Menschen kämpfen dafür, daß alle Südafrikaner die gleichen Rechte bekommen.

Die Insel Madagaskar liegt im Indischen Ozean. Die meisten ihrer Bewohner sind Bauern.

Mehr über...

 Die **Mbuti-Pygmäen** in Zaire sind die kleinsten Menschen der Welt. Ihre Durchschnittsgröße liegt bei 1,45 Meter.

 Gorillas leben in einigen afrikanischen Regenwäldern. Sie sind harmlos, solange sie nicht gereizt werden.

 Gestein, das **Diamanten** enthält, wird von Bergleuten abgesprengt oder ausgegraben. Dann werden die Edelsteine vom Gestein getrennt.

 Wie Bienen leben auch Termiten in Staaten zusammen. **Termitenhügel** bestehen aus einem harten Material und sind von Gängen durchzogen.

 Die **Kalahari-Buschmänner** durchstreifen die Wüste. Die Frauen sammeln Wurzeln und Beeren, während die Männer auf die Jagd gehen.

 Die **Zulu** sind die größte Gruppe schwarzer Afrikaner in Südafrika. Die meisten von ihnen arbeiten in Städten.

 Die atemberaubenden **Victoriafälle** des Sambesi-Flusses stürzen 110 Meter tief in eine Schlucht.

 Der **Fischadler** lebt in der Nähe von Flüssen und Seen. Er fängt Fische, indem er sich ins Wasser stürzt und sie mit seinen langen Krallen packt.

 Die großgewachsenen **Massai** leben auf den Grassteppen von Kenia und Tansania. Sie sind Viehzüchter.

Wenn ein **Nashorn** sich bedroht fühlt, stürmt es mit einer Geschwindigkeit von 50 Kilometern pro Stunde auf den Angreifer zu.

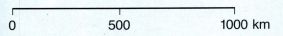

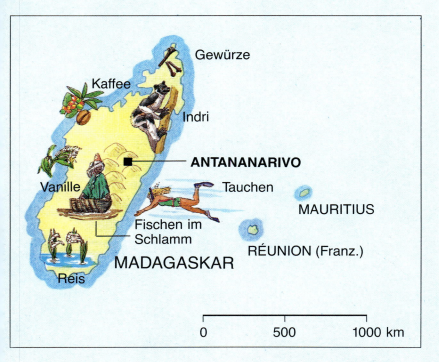

Schon gewußt?

Die Watussi leben in Ruanda und Burundi. Sie gehören zu den größten Menschen der Welt. Die Männer sind im Durchschnitt 1,92 Meter groß.

1867 fanden Kinder, die am Oranjefluß spielten, den ersten südafrikanischen Diamanten. Einige Jahre später kamen Schürfer aus aller Welt, und die weltberühmten Kimberley-Minen wurden eröffnet.

Diamanten sind härter als jedes andere natürliche Material. Viele Diamanten werden in der Industrie als Schneidwerkzeuge eingesetzt.

31

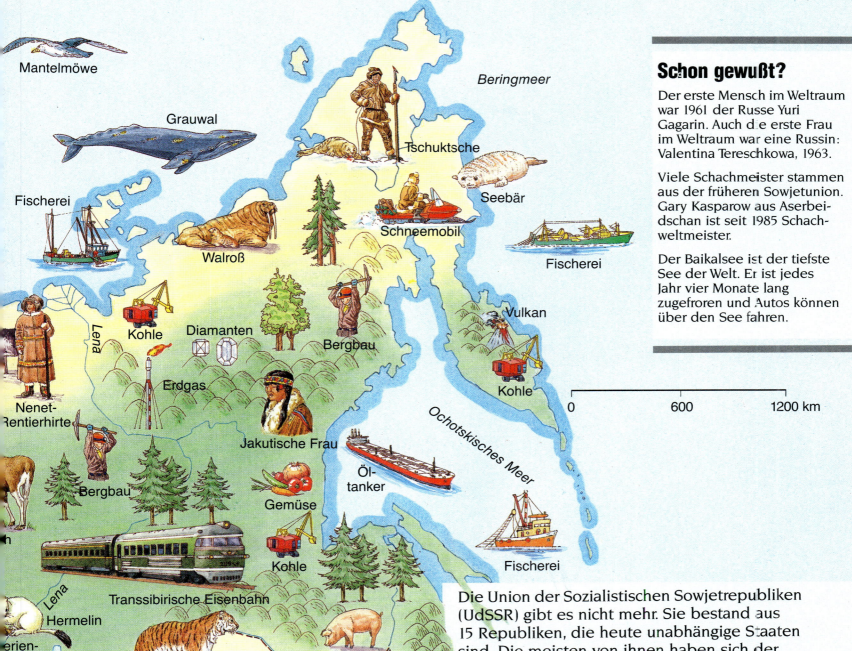

Schon gewußt?

Der erste Mensch im Weltraum war 1961 der Russe Yuri Gagarin. Auch die erste Frau im Weltraum war eine Russin: Valentina Tereschkowa, 1963.

Viele Schachmeister stammen aus der früheren Sowjetunion. Gary Kasparow aus Aserbeidschan ist seit 1985 Schachweltmeister.

Der Baikalsee ist der tiefste See der Welt. Er ist jedes Jahr vier Monate lang zugefroren und Autos können über den See fahren.

Die Union der Sozialistischen Sowjetrepubliken (UdSSR) gibt es nicht mehr. Sie bestand aus 15 Republiken, die heute unabhängige Staaten sind. Die meisten von ihnen haben sich der neuen Gemeinschaft Unabhängiger Staaten (GUS) angeschlossen. Der größte dieser Staaten — und gleichzeitig das größte Land der Welt — ist Rußland. Es erstreckt sich von Europa über den Ural bis in den Norden Asiens. Im Nordosten wird es durch einen schmalen Meeresstreifen, die Beringstraße, von Nordamerika getrennt.

Das Uralgebirge verläuft von Norden nach Süden durch Rußland und bildet die Grenze zwischen Europa und Asien. Die im europäischen Teil gelegenen Staaten haben mehr Einwohner und Industrie als die asiatischen. Das beste Ackerland liegt im Südwesten. Wegen der mageren Ernteerträge und der schlechten Lager- und Transportmöglichkeiten sind Nahrungsmittel oft sehr knapp. Die neuen Staaten versuchen jedoch, dieses Problem zu lösen.

Mehr über…

 Die **Transsibirische Eisenbahn** fährt von Moskau nach Wladiwostok. Für diese Reise braucht sie acht Tage.

Die **Nenet** sind Rentierhirten, die im Norden Rußlands, in der Nähe des Polarkreises leben. Sie sind ein sehr altes Volk.

 Der **Stör** ist ein Fisch, der bis zu 4 Meter lang wird. Seine Eier werden als Kaviar verkauft. Kaviar ist sehr teuer.

 Im Nordpolarmeer halten große **Eisbrecher** die Fahrrinnen frei, damit kleinere Schiffe dieses Meer befahren können.

33

Mittlerer Osten

Zum Mittleren Osten gehört ein großer Teil Südwestasiens und der Nordosten Afrikas. Dieses Gebiet wird oft als „Wiege der Menschheit" bezeichnet, weil viele frühe Kulturen hier entstanden. Auch drei Weltreligionen hatten hier ihren Ursprung — das Christentum, der Islam und der Judaismus. Die meisten Menschen im Mittleren Osten sind Moslems, Anhänger des islamischen Glaubens. Hier leben jedoch auch Christen. Die meisten Israelis sind Anhänger des jüdischen Glaubens. Auf dem Gebiet des einstigen Palästina, das allen drei Religionen als heilig gilt, liegen heute die Staaten Israel und Jordanien.

Die gewaltige Arabische Wüste bedeckt Teile von Saudi-Arabien, Jordanien, Oman, Jemen und den Vereinigten Arabischen Emiraten. Die Entdeckung von Öl unter dem Wüstensand und im Persischen Golf hat die Länder am Golf sehr reich gemacht.

In den letzten Jahrzehnten ist es im Mittleren Osten immer wieder zu kriegerischen Auseinandersetzungen gekommen. Die Religions- und Gebietsstreitigkeiten in dieser Region konnten bisher noch nicht beigelegt werden.

Mehr über...

 Die **Beduinen** sind Araberstämme, die in der Arabischen Wüste leben. Sie wohnen in Zelten, mit denen sie umherziehen.

 In Saudi-Arabien gibt es die größten **Ölvorkommen** der Welt. Das Erdöl wird an die Küste gepumpt und von Öltankern in andere Länder transportiert.

 Die **Falknerei** ist eine sehr alte Form des Jagens in Saudi-Arabien. Falken sind Greifvögel, die sich von kleinen Tieren ernähren. Zahme Falken werden dazu abgerichtet, auf Befehl zu jagen und ihre Beute abzuliefern.

 Die **Kurden** leben in den Bergen zwischen dem Iran, dem Irak und der Türkei. Sie kämpfen für einen eigenen Staat, in dem sie nach ihren eigenen Gesetzen leben können.

 Die **Überreste von Ur** sind im Süden des Irak zu finden. Ur war die Hauptstadt der Sumerer, eines Volkes, das einst in Mesopotamien lebte.

 Eine **Sanddüne** ist ein vom Wind zusammengewehter Sandberg. Diese Berge verändern ständig ihre Form. Ein Teil der Arabischen Wüste wird als „Leeres Viertel" bezeichnet, denn in ihm gibt es keine Dünen, sondern nur flachen Sand.

Südostasien

Südostasien besteht aus mehr als 20 000 Inseln. Die meisten von ihnen gehören zu Indonesien und den Philippinen. Die indonesischen Inseln liegen verstreut zwischen dem asiatischen Festland und der Nordspitze von Australien. Ein Großteil von Südostasien ist von tropischem Regenwald bedeckt, der die Heimat einer vielfältigen Tierwelt ist. Die meisten Menschen dieser Region sind Bauern, die in Küstennähe und in Flußtälern in kleinen Dörfern leben. Indonesien, Thailand, Vietnam und Myanmar gehören zu den zehn wichtigsten Erzeugerländern von Reis. Aber auch Kaffee, Kautschuk, Zuckerrohr, Tabak und Kokosnüsse werden angebaut. Der Regenwald liefert Edelhölzer wie zum Beispiel Teak und Mahagoni. In Malaysia, Indonesien und Thailand gibt es die größten Kautschukplantagen der Welt.

Viele Länder dieser Region sind sehr arm und die meisten Städte übervölkert. Vietnam, Laos und Kambodscha haben sehr unter Kriegen gelitten. Die beiden kleinen Staaten Brunei und Singapur dagegen sind im Vergleich zu den anderen Ländern sehr reich.

Mehr über…

 Die meisten Menschen in Myanmar sind Buddhisten. Im Alter zwischen 6 und 13 Jahren leben die Jungen einige Zeit als **Mönche** und lernen dabei die Grundsätze ihres Glaubens.

 Das wichtigste Erzeugnis dieser Region ist **Reis.** In vielen Gebieten wird er auf Terrassen angebaut, auf breiten Stufen, die in einen Abhang eingearbeitet wurden.

 Holz, vor allem Teak, ist für viele südostasiatische Länder ein wichtiges Exportprodukt. Es wird in anderen Ländern zu Möbeln verarbeitet und findet Verwendung im Schiffbau.

Südostasien ist eine größtenteils vulkanische Inselwelt. Auf Java und vielen anderen Inseln hat die Asche der **Vulkane** fruchtbaren Boden geschaffen.

 Der **Komodo-Waran** ist die größte Echse der Welt. Er kann bis zu 3 Meter lang werden und lebt auf der kleinen Insel Komodo westlich von Flores. Er ist vom Aussterben bedroht.

 Kautschuk wird aus Latex hergestellt, dem milchigen Saft der **Kautschukbäume.** Diese Bäume wachsen in vielen Teilen Südostasiens.

 In Papua-Neuguinea glauben die Menschen an Geister. Sie errichten **Geisterhäuser,** um die bösen Geister von ihren Wohnungen fernzuhalten.

 Die Stadt **Singapur** ist die Hauptstadt der Republik Singapur. Sie hat einen internationalen Hafen und ein Geschäftsviertel, das von vielen Touristen besucht wird.

Schon gewußt?

Malaysia ist das wichtigste Zinn-Erzeugerland der Welt. Zinn wird aber auch in Indonesien und Thailand abgebaut.

1929 wurde in Brunei Erdöl entdeckt. Das Land wird von einem Sultan regiert. Er ist der reichste Mann der Welt.

Auf den Philippinen kommt es oft zu heftigen tropischen Stürmen, den Taifunen.

In den Wäldern von Thailand werden noch heute Arbeitselefanten eingesetzt, um die gefällten Teakholz-Stämme zu den Sägewerken zu bringen.

Der Süden Asiens

Im Norden Indiens ragen die schneebedeckten Gipfel des Himalaja empor. In diesem Gebirge liegen die Königreiche Bhutan und Nepal. Dort leben nur wenige Menschen, doch die Ebenen von Indien, Pakistan und Bangladesch sind dicht besiedelt. Auch in den indischen Städten Bombay und Kalkutta leben Millionen von Menschen. Die meisten Inder aber wohnen in kleinen Dörfern und bauen Reis, Weizen, Baumwolle und Tee an. Während des Sommers ist es auf den Ebenen im Innern des Landes sehr heiß und trocken. Die ersehnte Regenzeit dauert von Juni bis Oktober. Wenn sie ausfällt, kommt es zu schweren Mißernten.

Die meisten Einwohner von Bangladesch sind Bauern. Ihre Ernte wird jedoch oft von Sturmfluten vernichtet. Bangladesch ist ein sehr armes Land, dessen Bevölkerungszahl rasch wächst. Das Land ist stark auf die Unterstützung durch andere Länder angewiesen.

Der Hinduismus und der Buddhismus sind im Süden Asiens entstanden. In Indien leben heute hauptsächlich Hindus, während Pakistan und Bangladesch moslemische Staaten sind.

Arabisches Meer

Schon gewußt?

Einst lebten Tiger frei in den indischen Wäldern. Doch diese großen Katzen, die wegen ihres schönen Fells lange Zeit bejagt wurden, sind nun vom Aussterben bedroht, weil im stark übervölkerten Indien die Wälder abgeholzt werden. Die heute noch lebenden Tiger sind durch Gesetze geschützt.

Die indische Stadt Varanasi ist ein Wallfahrtsort der Hindus. Sie pilgern hierher, um sich im heiligen Fluß Ganges von ihren Sünden zu reinigen.

Der Mungo ist ein kleines Raubtier. Er frißt Frösche, Vögel, Echsen und ihre Eier. Die Eier wirft er gegen einen Stein, um die Schale aufzubrechen. Der Indische Mungo kann sogar eine Kobra töten.

Obwohl Sherpas eigentlich Bauern in Nepal sind, arbeiten sie auch oft als Führer für die Bergsteiger, die im Himalaja unterwegs sind. Einer dieser Führer, Tenzing Norgay, bestieg 1953 zusammen mit dem neuseeländischen Forscher Edmund Hillary den Mount Everest. Diese beiden Männer waren die ersten Menschen, die den Gipfel des höchsten Berges der Welt erreichten.

Indien erlangte 1947 seine Unabhängigkeit von Großbritannien. Es wurde in zwei unabhängige Staaten, Indien und Pakistan, geteilt.

In Indien gibt es zwei Monsunwinde – der Südwest bringt Regen von Juni bis September, der Nordost weht von Oktober bis Februar.

Mehr über...

Afghanische **Teppiche** bestehen aus Ziegen- und Schafwolle. Die Wolle wird gesponnen und dann auf Webstühlen verarbeitet.

Polo wird in Pakistan schon seit Jahrhunderten gespielt. Zwei Mannschaften von Reitern versuchen, den Ball mit einem Schläger ins gegnerische Tor zu befördern.

Der **Tadsch Mahal** ist ein Grabmal, das der Mogulherrscher Schah Dschahan zur Erinnerung an seine Lieblingsfrau errichten ließ.

Der **Mount Everest** liegt an der Grenze zwischen Nepal und Tibet. Mit einer Höhe von 8848 Metern ist er der höchste Berg der Erde.

Tee wird aus den Blättern eines kleinen Strauches hergestellt, der vor allem in Indien und Sri Lanka angebaut wird. Die Blätter werden gepflückt und dann getrocknet.

Für die Hindus sind Kühe heilige Tiere, die nicht getötet oder gar gegessen werden dürfen. Die **heiligen Kühe** dürfen überall frei herumlaufen.

China und die Mongolei

Etwa ein Viertel der Menschen dieser Erde lebt in China, das mehr Einwohner zählt als jedes andere Land. Der größte Teil Chinas ist so gebirgig oder so trocken, daß dort nur wenige Menschen leben können. Die anderen drängen sich an der Küste, auf den Ebenen und entlang der großen Flüsse zusammen. Der Boden beiderseits des Hwangho — des Gelben Flusses — ist fruchtbares Ackerland. Im Westen des Landes gibt es große Vorkommen an Kohle, Erdöl und Erdgas.

In Beijing (früher Peking), der Hauptstadt von China, leben mehr als 10 Millionen Menschen. Noch mehr Einwohner hat Schanghai, die größte chinesische Stadt und ein Industrie- und Schiffahrtszentrum.

Vor der Südostküste des chinesischen Festlandes liegt die Insel Taiwan, die ein selbständiger Staat ist. Nördlich von China liegt ein weiterer unabhängiger Staat, die Mongolei — das Land der Wüste Gobi und der weiten Grassteppen. Die Mongolen sind hervorragende Reiter, die ihren Schafherden über die Ebenen folgen und vielfach in Zelten wohnen.

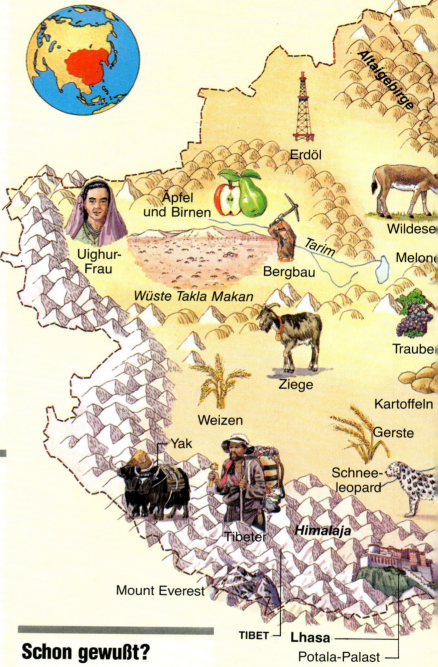

Mehr über...

 Das **Yak** ist ein Gebirgsrind, das im Himalaja lebt. Yaks haben lange Hörner und ein zottiges Fell. Die Tibeter stellen aus der Milch der Yaks saure Butter her, mit der sie traditionsgemäß ihren Tee trinken.

 Mit dem Bau der **Großen Mauer** wurde 214 v. Chr. begonnen. Sie sollte das alte chinesische Reich vor seinen Feinden im Norden schützen. Die Mauer ist 3450 km lang und selbst vom Mond aus zu erkennen.

 Bambus wächst so hoch wie Bäume. Die Großen Pandas, die in Chinas Bambuswäldern leben, ernähren sich von den Bambuspflanzen.

 Hoch oben auf einem Berg über der Stadt Lhasa in Tibet liegt der **Potala-Palast**. Er war früher der Sitz des Dalai Lama, des Herrschers von Tibet. Den tibetischen Buddhisten ist die Stadt Lhasa heilig.

 Zweihöckrige Kamele kann man in den Wüsten von China und der Mongolei finden. Ihr dickes Fell, der kräftige Körper und die zwei Höcker helfen ihnen, die kalten Winter zu überleben. Leider sind diese Kamele in freier Wildbahn fast ausgestorben.

 Die Mongolen leben in runden Filzzelten, den **Jurten**. Wenn sie zu einer Wanderung aufbrechen, verladen sie die Zelte auf ihre Kamele.

Schon gewußt?

Im Winter lockt die Stadt Harbin zahlreiche Besucher mit dem Eislaternenfest: Aus Eisblöcken werden große Skulpturen und Paläste geschaffen, die mit bunten Lampen beleuchtet werden.

In China gibt es über 130 Millionen Fahrräder. Jedes Jahr werden etwa 30 Millionen neue Fahrräder gebaut.

Hongkong ist mit seinem großen Hafen ein führendes Wirtschaftszentrum.

Japan und Korea

Japan besteht aus den vier Hauptinseln Hokkaido, Honschu, Schikoku und Kiuschu. Zu Japan gehören aber auch noch über 3000 kleinere Inseln, die jedoch fast alle unbewohnt sind. Durch das ganze Land erstreckt sich eine Kette vulkanischer Berge, und es kommt oft zu Erdbeben. Die Inseln im Süden sind heiß und feucht, während die im Norden ein kälteres Klima haben. Ein großer Teil des Landes ist gebirgig und mit Wäldern bedeckt. Reis ist das wichtigste landwirtschaftliche Erzeugnis, aber auch die Fischerei ist bedeutend. Japan ist der führende Hersteller von Schiffen, Autos und elektronischen Geräten. Die meisten Japaner haben einen hohen Lebensstandard.

Korea liegt westlich von Japan. Die Halbinsel ist in zwei Staaten geteilt. In Nordkorea ist es im Winter sehr kalt, und das Klima eignet sich für den Anbau von Kartoffeln und Mais. Auch Bergbau und Industrie sind wichtige Wirtschaftszweige. Südkorea hat ein wärmeres Klima. Die meisten Südkoreaner sind Bauern, doch das Land hat auch viele Fabriken, deren Produkte in die ganze Welt verkauft werden.

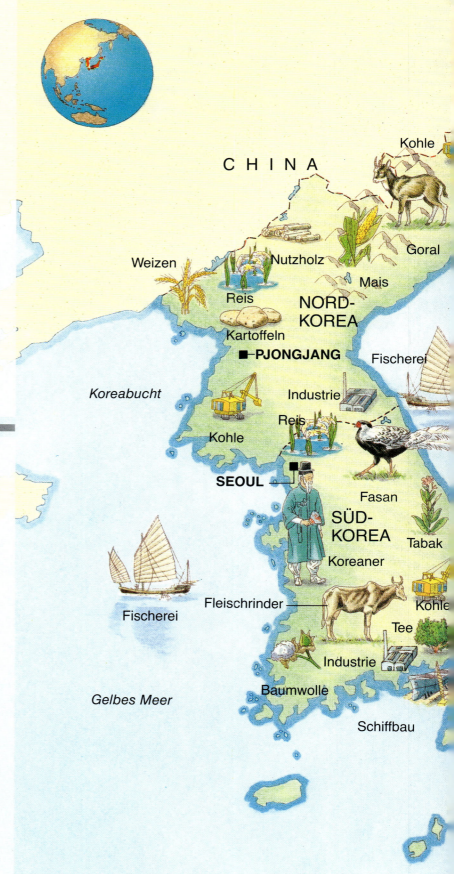

Schon gewußt?

Die Japaner lieben die Natur. Viele Gärten sind wundervolle kleine Landschaften mit Felsen, Teichen und sogar kleinen Wasserfällen.

Die Kirschblüte ist Japans Nationalblume. Jedes Jahr reisen unzählige Menschen nach Osaka, um sich die blühenden Kirschbäume anzusehen. Sie lassen sich im Freien zum Picknick nieder und bewundern die Blütenpracht.

In Japan gibt es mehr als 100 Tageszeitungen, von denen täglich fast 40 Millionen Exemplare verkauft werden. Außerdem werden 2700 Zeitschriften angeboten.

Die meisten Japaner leben in Städten. Elf japanische Städte haben mehr als eine Million Einwohner.

In manchen Gegenden von Japan lassen sich die Fischer von Kormoranen helfen. Sie binden die Vögel mit einer langen Schnur am Boot fest. Die Vögel tauchen nach Fischen, doch ein Ring um ihren Hals verhindert, daß sie ihre Beute schlucken.

Der Fudschijama ist ein Vulkan, an dessen Fuß fünf wunderschöne Seen liegen. Er ist 1707 das letztemal ausgebrochen. Für viele Japaner ist der Berg heilig.

Besucher eines japanischen Hauses müssen vor dem Betreten ihre Schuhe ausziehen und sie an der Tür stehenlassen. Auf den Fluren dürfen sie vom Gastgeber gestellte Hausschuhe tragen, doch auch diese müssen sie abstreifen, sobald sie einen Raum betreten, in dem aus Stroh geflochtene Matten auf dem Boden liegen.

Australien und die Antarktis

Australien ist der kleinste Kontinent. Fast der ganze Westen Australiens besteht aus heißen Wüsten, in denen nur wenige Menschen leben. Die meisten Australier leben an der Ostküste, wo es kühler ist. Sydney, die größte Stadt Australiens, liegt an der Küste. In der Mitte Australiens liegt das sogenannte Outback, trockene, heiße Grassteppen, auf denen Schafe weiden. In Australien wird mehr Wolle produziert als in jedem anderen Land der Erde. Auch der Bergbau ist ein bedeutender Wirtschaftszweig. Australien ist reich an Bodenschätzen wie Gold, Silber, Edelsteinen und Eisenerz.

Neuseeland liegt südöstlich von Australien und hat ein milderes Klima. Es besteht aus zwei Hauptinseln — der Nordinsel und der Südinsel. Die meisten Bewohner des Landes leben auf der Nordinsel, auf der es mehr Städte gibt. Auf der Südinsel dagegen ist gutes Weideland vorhanden, das für die Haltung von Milchkühen genutzt wird.

Mehr über...

 **Känguruhs** gehören zur Ordnung der Beuteltiere. Diese Tiere tragen ihre Jungen nach der Geburt noch einige Zeit in einer Hauttasche auf dem Bauch mit sich herum.

 Das **Kricketspiel** ist bei den Australiern genauso beliebt wie bei uns der Fußball. Oft treten australische Mannschaften gegen englische Kricketspieler an.

 Fast alle **Opale** der Welt kommen aus Australien. Opale werden zu Schmuckstücken verarbeitet, aber auch in der Industrie verwendet.

 Das **Große Barriereriff** ist das größte Korallenriff der Welt. Es liegt vor der Küste von Queensland und hat eine Länge von 2000 Kilometern. Das Riff lockt viele Taucher an.

 Die **Maori**, die von den ersten Menschen abstammen, die sich auf Neuseeland niederließen, sind berühmt für ihre **Schnitzarbeiten** — eine alte Tradition, die die Maori wahren möchten.

 Der **Kiwi** lebt in den Wäldern Neuseelands. Dieser merkwürdige Vogel, der nicht fliegen kann, gräbt mit seinem langen Schnabel nach Würmern.

Schon gewußt?

Bevor 1770 die ersten Europäer kamen, waren die Aborigines die einzigen Menschen in Australien. Seit mindestens 30 000 Jahren lebten sie als Jäger und Sammler. Das Land ist ihnen heute noch heilig, und ihre Legende über seine Entstehung heißt „Traumzeit".

Der Affenbrotbaum speichert in seinem dicken Stamm das Regenwasser, so daß er die Trockenzeit überstehen kann.

Ayers Rock erhebt sich 350 Meter hoch über die Wüste in der Mitte des Kontinents. Für die Aborigines ist dieser gewaltige rote Felsen ein heiliger Ort, den sie Uluru nennen. Am Fuße des Felsens gibt es Höhlen mit Wandmalereien.

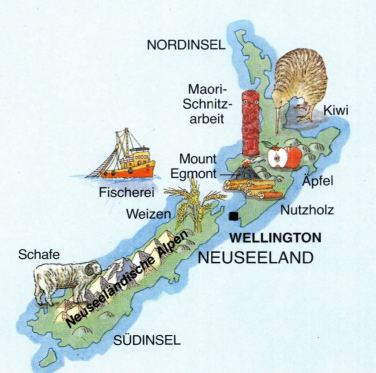

Index

Adriatisches Meer 15, 16–17
Ägäisches Meer 17
Ägypten 29
Äquatorial-Guinea 30
Ärmelkanal 11
Äthiopien 29
Äthiopisches Hochland 29
Afghanistan 17
Afrika 7, 28–31
Ahaggargebirge 28
Alaska 18, 21
Albanien 17
Albany (Fluß) 19
Algerien 28
Alpen (Gebirge) 11, 12, 13, 15
Altaigebirge 40
Amazonas 25, 26
Amur (Fluß) 41
Anden (Gebirge) 25, 27
Andorra 11
Angola 30
Anguilla 23
Antarktis 6, 44
Antigua und Barbuda 23
Apenninen 15
Appalachen 21
Arabische Wüste 34
Arabisches Meer 35, 38
Aralsee 32
Argentinien 27
Arkansas (Fluß) 21
Armenien 32
Asien 7, 36, 37
Atbara 29
Atlantischer Ozean 6, 7, 8, 19, 21,
   25, 26, 27, 28, 30
Atlasgebirge 28
Australien 7, 37, 44–45
Aserbeidschan 32

Baffinbai 19
Baffin-Insel 19
Bahamas 21, 23
Bahrain 34
Balearen 14
Bali 36
Balkan 17
Bangladesch 39
Banks-Insel 18
Barbados 23
Barentssee 32
Beaufortsee 18
Belgien 11
Belize 22
Benelux-Staaten 10
Bengalen, Bucht von 39
Benin 28
Benue (Fluß) 28
Bergland von Guyana 25
Beringmeer 33
Bhutan 39
Bioko 30
Biskaya, Golf von 10, 14
Bolivien 25, 27
Borneo 36
Bosnien-Herzegowina 16–17
Botswana 30
Brahmaputra (Fluß) 39
Brasilien 25, 26, 27
Brunei 36
Bulgarien 17
Burkina Faso 28
Burundi 30

Cabinda 30
Chile 27
China 32, 36, 39, 40–41, 42
Churchill (Fluß) 19
Colorado (Fluß) 20
Columbia (Fluß) 20
Costa Rica 23

Dänemark 9
Darling (Fluß) 44
Deutschland 9, 11, 12–13
Diamantina (Fluß) 44
Dinarische Alpen 16
Dnjepr (Fluß) 32
Dominica 23
Dominikanische Republik 23

Donau (Fluß) 13, 17
Dordogne (Fluß) 11
Drau (Fluß) 17
Dschibuti 29

Ebro (Fluß) 14
Ecuador 25
Egmont (Berg) 45
El Salvador 22
Elba 15
Elbe (Fluß) 12–13
Elfenbeinküste 28
England 8
Estland 32
Euphrat (Fluß) 34
Europa 7

Falkland-Inseln 27
Feuerland 27
Finnischer Meerbusen 9
Finnland 9
Flores 36
Frankreich 11, 12, 14
Französisch-Guayana 25

Gabun 30
Galápagos-Inseln 24
Gambia 28
Ganges (Fluß) 39
Garonne (Fluß) 11
Gelbes Meer 42
Georgien 32
Ghana 28
Gibraltar 14
Gobi (Wüste) 41
Godavari (Fluß) 39
Grenada 23
Griechenland 16–17
Grönland 8
Große Sandwüste 44
Große Victoriawüste 44
Großes Barriereriff 44
Großes Scheidegebirge 45
Guadeloupe 23
Guatemala 22
Guaviare (Fluß) 25
Guinea 28
Guinea-Bissau 28
Guyana 25

Hainan 36, 41
Haiti 23
Himalaja (Gebirge) 39, 40
Hokkaido 43
Honduras 23
Hongkong 41
Honschu 43
Hwangho (Fluß) 41
Hudsonbai 19
Hudsonstraße 19

Ibiza 14
Indien 39
Indischer Ozean 6, 7, 29, 30, 36,
   38–39, 44
Indonesien 36
Indus (Fluß) 38–39
Ionisches Meer 17
Irak 34
Iran 34–35, 38
Irawadi (Fluß) 36
Irian Jaya 37
Irische See 8
Irland 8
Irtysch (Fluß) 32
Island 8
Israel 34
Italien 11, 12, 15, 16

Jamaika 23
Japan 42–43
Japanisches Meer 43
Java 36
Jemen 34–35
Jenisse (Fluß) 32
Jordan 34
Juba (Fluß) 29
Jungfern-Inseln 23
Japura (Fluß) 25
Juragebirge 11

Kalahari (Wüste) 30
Kalifornien, Golf von 22
Kambodscha 36
Kamerun 28
Kanada 18–19, 20–21
Kanarische Inseln 28
Karibisches Meer 6, 23, 25
Karpaten (Gebirge) 17
Kaspisches Meer 32, 34
Kasachstan 32
Kasai (Fluß) 30
Katar 34
Kenia 30
Khaiberpaß 39
Kirgisien 32
Kiso (Fluß) 43
Kiuschu 43
König-Elisabeth-Inseln 18
Kolumbien 25
Komoren 30
Kongo 30
Korea (Nord-) 42
Korea (Süd-) 42
Koreabucht 42
Korfu 17
Korsika 11, 15
Kreta 16–17
Krishna (Fluß) 39
Kroatien 17
Kuba 23
Kuwait 34

Laos 36, 41
Lena (Fluß) 33
Lesotho 30
Lettland 32
Liao (Fluß) 41
Libanon 34
Liberia 28
Libyen 28–29
Libysche Wüste 29
Limpopo (Fluß) 30
Loire (Fluß) 11
Lombok 36
Luxemburg 11

Maas (Fluß) 11
Macau 41
Mackenzie (Fluß) 18
Madagaskar 31
Madeira 28
Makedonien 17
Malawi 30
Malaysia 36
Mali 28
Mallorca 14
Marokko 28
Martinique 23
Marañon (Fluß) 25
Mauretanien 28
Mauritius 31
Mekong (Fluß) 36, 41
Menorca 14
Mexiko 20–21, 22
Mexiko, Golf von 21, 22
Mississippi (Fluß) 21
Missouri (Fluß) 21
Mittelmeer 7, 11, 14–15, 28–29, 34
Moçambique 30
Moldavien 17, 32
Monaco 11
Mongolei 40–41
Montenegro 17
Montserrat 23
Murray (Fluß) 44
Myanmar 36

Namib (Wüste) 30
Namibia 30
Negro (Fluß) 26
Nelson (Fluß) 29
Nepal 39
Neuseeland 45
Neuseeländische Alpen 45
Nicaragua 23
Niederlande 11
Niger 28
Niger (Fluß) 29
Nigeria 28

Nil (Fluß) 29
Nordamerika 6
Nordinsel 45
Nordpol 7
Nordsee 8, 11
Nordirland 8
Nordpolarmeer 7, 32
Norwegen 9
Nubische Wüste 29
Nullabor-Ebene 44

Ob (Fluß) 32
Ochotskisches Meer 33
Oder (Fluß) 13
Österreich 12–13
Ohio (Fluß) 21
Oman 35
Orange (Fluß) 30
Orinoco (Fluß) 25
Ostchinesisches Meer 41
Ostsee 9, 13, 32

Pakistan 38–39
Panama 23, 25
Panama, Golf von 25
Papua-Neuguinea 37
Paraguay 27
Paraná (Fluß) 26
Pazifischer Ozean 6, 7, 18, 20,
   22, 25, 27, 36, 43, 45
Persischer Golf 34
Peru 25
Philippinen 36
Pindosgebirge 17
Po (Fluß) 15
Polen 13
Portugal 14
Puerto Rico 23
Purus (Fluß) 26
Pyrenäen 11, 14

Red River (Fluß) 21
Réunion 31
Rhein (Fluß) 12
Rhodos 17
Rhône (Fluß) 11
Rio Grande (Fluß) 20–21, 22
Rocky Mountains (Gebirge) 18, 20
Rotes Meer 29, 34
Ruanda 30
Rumänien 17
Rußland 9, 21, 32–33, 38, 41

Sahara (Wüste) 28–29
Saint Lucia 23
Saint Vincent 23
Sambesi (Fluß) 30
Sambia 30
San Marino 15
Sankt-Lorenz-Strom 19
São Francisco (Fluß) 26
São Tomé 30
Saône (Fluß) 11
Sardinien 15
Saudi-Arabien 34–35
Schari (Fluß) 28
Schikoku 43
Schottland 8
Schwarzes Meer 17, 32, 34
Schweden 9
Schweiz 12
Seine (Fluß) 11
Senegal 28
Senegal (Fluß) 28
Serbien 17
Severn (Fluß) 8
Shannon (Fluß) 8
Siangkiang (Fluß) 41
Siebenbürgisches Hochland 17
Sierra Leone 20
Sierra Nevada (Spanien) 14
Sierra Nevada (USA) 20
Simbabwe 30
Singapur 36
Sizilien 15
Skandinavisches Gebirge 9
Slowakei 13
Slowenien 16
Snake (Fluß) 20
Sokotra 35

Somalia 29
Spanien 11, 14
Sri Lanka 39
St. Kitts-Nevis 23
Sudan 29
Südafrika 30
Südamerika 6, 24–27
Südchinesisches Meer 36, 41
Südinsel 45
Südpol 8
Sulawesi 36
Sumatra 36
Sumba 36
Sumbawa 36
Sungari (Fluß) 41
Surinam 25
Swasiland 30
Syr-Darja (Fluß) 32
Syrien 34

Tadschikistan 32
Taiwan 36, 41
Takla Makau (Wüste) 41
Tansania 30
Tapajós (Fluß) 26
Tarim (Fluß) 40
Tasmansee 45
Tasmanien 44
Tejo (Fluß) 14
Tennessee (Fluß) 21
Teschio (Fluß) 43
Thailand 36
Thar (Wüste) 39
Themse (Fluß) 8
Tiber (Fluß) 15
Tibestigebirge 28
Tigris (Fluß) 34
Timor 36
Togo 36
Tone (Fluß) 43
Trent (Fluß) 8
Trinidad & Tobago 25
Tschad 28–29
Tschechische Republik
   (Tschechei) 13
Türkei 17, 34
Tunesien 28
Turkmenistan 32

Uganda 30
Ukraine 17, 32
Ungarn 16–17
Uralgebirge 32
Uruguay 27
Usbekistan 32

Vancouver-Insel 18
Venezuela 25
Vereinigte Arabische Emirate 35
Vereinigte Staaten von Amerika
   (USA) 18, 20–21, 22
Victoria-Insel 18
Vietnam 36, 41
Vogesen (Gebirge) 11
Volta (Fluß) 28

Wales 8
Walfischbai 30
Weichsel (Fluß) 13
Weißrußland 32
Westghats (Gebirge)
West-Sahara 28
Wolga (Fluß) 32

Xingu (Fluß) 26

Yukon (Fluß) 16

Zaire 30
Zaire (Fluß) 30
Zentralafrikanische Republik
   28–29
Zentralmassiv 11
Zypern 34